UN AMOR MUY perro

Un amor muy perro

GEMMA CORRELL

Traducción de Julia Alquézar

Plataforma Editorial

Título original: *A Pug's Guide to Dating*, originalmente publicado
en inglés, en 2013, por Dog 'n' Bone Books, an imprint
of Ryland Peters & Small, 20-21 Jockey's Fields, Londres

Primera edición en esta colección: septiembre de 2016

Plataforma Editorial
c/ Muntaner, 269, entlo. 1ª – 08021 Barcelona
Tel.: (+34) 93 494 79 99 – Fax: (+34) 93 419 23 14
www.plataformaeditorial.com
info@plataformaeditorial.com

Depósito legal: B. 9.378-2016
ISBN: 978-84-16620-76-0
IBIC: YFW

Printed in China – Impreso en China

Fotocomposición: Grafime

El papel que se ha utilizado para imprimir este libro
proviene de explotaciones forestales controladas,
donde se respetan los valores ecológicos, sociales
y el desarrollo sostenible del bosque.

ÍNDICE

Introducción 6

CAPÍTULO 1

Romper el hielo 10

CAPÍTULO 2

Citas 20

CAPÍTULO 3

Romance 28

CAPÍTULO 4

Ocasiones especiales 36

CAPÍTULO 5

Relaciones 46

CAPÍTULO 6

Rupturas 54

Agradecimientos 64

INTRODUCCIÓN

Con su cara arrugada y un trasero fragante, el carlino es una de las creaciones más románticas de la naturaleza. Un conquistador nato de 9 kg, ruidoso y que se tira pedos, con un atractivo magnético innegable al que ninguna criatura —canina o de otro tipo— puede resistirse.

Sin embargo, incluso para estos animales bellos y cariñosos por naturaleza, el mundo del amor puede resultar abrumador y confuso; un terreno minado en el que cada paso puede dar lugar a un error o a malos entendidos. El carlino que se rige, como hace la mayoría, por las leyes de la etiqueta y el decoro de su especie entenderá la necesidad de actuar con prudencia, de estudiar y de esforzarse por asimilar las convenciones que gobiernan el mundo del amor propio de las colas curvadas.

Un observador inexperto puede pensar que el carlino, con su encanto y carisma naturales, su aspecto irresistible y su repertorio de encantadores ronquidos, no tendría problemas para conseguir un gran número de admiradores. Y, de hecho, así suele ser. La mayoría de las criaturas, con independencia de su inteligencia, caen rendidas ante las patas de un carlino nada más conocerlo.

No obstante, hasta el carlino más seguro de sí mismo puede necesitar cierta orientación en el confuso mundo de la seducción moderna. Por ejemplo, debe aprender a presentarse en un anuncio personal o en un encuentro de citas rápidas, o incluso decidir el lugar más adecuado y romántico para una primera cita.

En conclusión, debe convertirse en un experto en el arte del amor, y solo lo conseguirá si reflexiona sobre los fundamentos del flirteo, controla los principios básicos de la poesía, la canción y el baile y domina las técnicas elementales del besuqueo y el acurruco.

Una vez acomodado en una relación, el carlino debe esforzarse por mantener viva la llama del amor, y asegurarse de que los días de vivir el amor como cachorros, aunque hayan quedado atrás, no se olvidan. Nunca debe olvidar ocasiones especiales como un aniversario o una cita del veterinario anulada, y debe procurar cubrir de fantásticos regalos y apasionados e intensos besos a su amor siempre que tenga la oportunidad.

Recuerda pararte a oler las rosas.
Si es necesario, también deberías hacer pis sobre ellas.

Por desgracia, el amor incondicional y la naturaleza fiel puede volverse contra un carlino en caso de ruptura. Como la criatura sensible que es, puede quedar devastado por la dolorosa congoja que suele acompañar a una separación. Uno puede dudar al etiquetar al carlino con los términos extremos de «neurótico» y «obsesivo», pero no cabe duda de que se toma toda forma de separación, ya sea de su humano, de su amor, o incluso de su juguete favorito, muy a la tremenda. Por tanto, es imprescindible que aprenda a gestionar el rechazo y el desamor de una manera sensata y saludable.

El amor de un carlino es fiel e inquebrantable. Es un compañero devoto; un amante generoso y atento, con una cara llena de arrugas y un corazón de oro. Como dice el refrán...

«Conocer a un carlino es amarlo».

Capítulo 1

ROMPER EL HIELO

Primeras impresiones

Las primeras impresiones son vitales. Asegúrate de que tu trasero tiene una fragancia fantástica en todo momento. ¡Al fin y al cabo, no sabes con quién puedes tener la suerte de tropezarte!

FRASES PARA LIGAR

Citas rápidas

Asistir a un evento de citas rápidas es una manera genial y divertida de conocer a otros corazones solitarios.

Encuentros fortuitos

Cuando vayas al veterinario, probablemente no te sientas romántico (es más probable que tengas unas ganas irrefrenables de hacer pis en la mesa de examen), pero el amor puede surgir en los lugares más inesperados.

CÓMO SABER SI A ELLA LE GUSTAS

Un carlino muestra su afecto sin reparos, de modo que puede ser difícil distinguir entre una actitud amistosa y un afecto real.

Así que más te vale estar atento a las señales que ella te mande de que quiere que seáis «algo más que amigos»...

Imita tu lenguaje corporal...

Alardea delante de ti...

Recurre al viejo truco de la «damisela en apuros»...

Te trae regalos...

Pedirle una cita

Elige el momento y el lugar sabiamente. Espera a encontrarte con ella cuando esté relajada y cómoda, como, por ejemplo, después de hacer caca en el jardín del vecino gruñón.

No pierdas la positividad

¡No hay lugar para la intimidación! Recuerda, puede que seas pequeño, pero eres un bombón.

Tu pareja potencial te responderá con un tajante «sí». ¿Quién podría resistirse a una cara como la tuya?

RECHAZO

No te vengas abajo si te dice que no.
Ella se lo pierde.

Ahora bien, procura dramatizar todo lo que puedas para asegurarte algunos mimos de compasión, y posiblemente algo más de pienso, por parte de tu humano.

Suspira sin parar, procura hacerte un ovillo en sitios pequeños y arrastrarte con cara de pena. Los humanos son débiles. Picarán seguro.

Anuncios personales

HÁMSTER con sentido del humor busca compañía para pasar los fines de semana en la rueda, mordisqueando zanahorias y demás. Roedor rojizo de pelo corto, con afición por la lechuga. Los candidatos deben ser guapos y tener 4 meses como máximo. Apdo. de correos 445677

GATA con tendencias sociópatas busca gato para rascar sillas y perseguirse la cola durante el día. Debe estar esterilizado y tener su propio collar de pulgas.

CARLINO beis y capado (3), con doble vuelta en la cola busca a una dama agradable para lamerle la oreja y tal vez algo más. Debe gustarle el beicon, ladrar a objetos inanimados y acurrucarse en el sofá. Sentido del humor. No fumador. Macho blanco soltero. Carlino. Apdo. de correos 652732

LORO EXÓTICO, con problemas de autoridad y sentido del humor, busca pareja similar. Debe disfrutar de la charla incesante y tener su propia jaula. No fumador. No apto para trabajar. Apdo. de correos 344277

GALGO, H., 21 (en años perrunos) busca el amor verdadero. La raza no importa. Complexión atlética. Capacidad de atención baja. Debe gustarle correr y perseguir gatos.

Si te cuesta encontrar una pareja adecuada con los métodos habituales, puedes probar con las citas por internet o poner un anuncio personal en el periódico.

Capítulo 2

CITAS

Encontrar a la pareja perfecta

El amor no conoce de tamaño, color o raza.

No obstante, el objeto de tu afecto no tiene por qué compartir esta filosofía...

PRIMERA CITA

¡Bravo! Has conseguido una cita con tu amor. Pero ahora, ¿cómo la planeas? Aquí tienes algunas ideas:

Un paseo romántico puede darte la oportunidad perfecta para impresionar a tu cariñito con tu conocimiento del mundo...

Por otro lado, si vais a un café podréis conoceros mejor en un ambiente agradable, con la ventaja añadida de poder picar algo en un suelo lleno de migas.

Si sois unos apasionados de la cultura, podéis disfrutar de la visita a una galería; y si os va más el rollo moderno urbanita, buscad una exposición de arte callejero.

Hay quien dice que nunca deberías acostarte con tu pareja en una primera cita. Pero nosotros decimos: ¡haz lo que te haga más feliz!

ACICALARSE

Por supuesto, querrás lucir tus mejores galas y olor en tu primera cita.

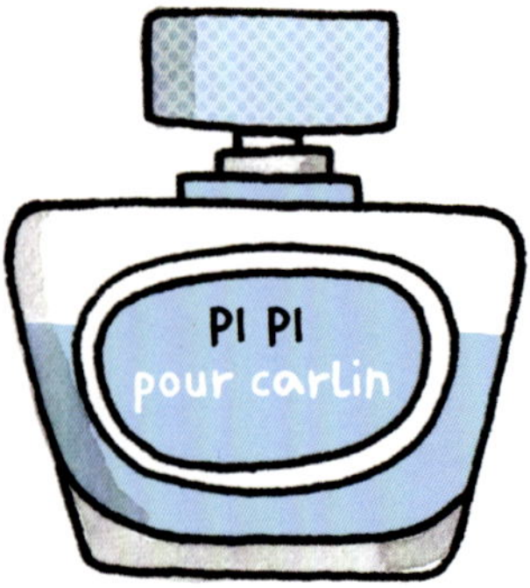

Exclusivo para ti

Con toques de tejón

Terrosa y brillante

Un clásico

Qué ponerte

Un arnés y una correa son el atuendo perfecto para una primera cita, pero si realmente quieres causar impresión, pide a tu humano que te elija la ropa.

Con algo informal y sutil, pero innegablemente sexy, como un disfraz de langosta o un traje en forma de plátano gigante, no fallarás.

Recuerdos románticos

Cuando visites la casa de tu amorcito, asegúrate de dejarle algo que le recuerde a ti. Quizás una buena capa de pelo sobre un sofá de color claro...

Una selección de pisadas decorativas por todo el suelo recién fregado...

O simplemente tu único, personal y deliciosamente acre aroma personal.

Tu mejor cara

Un carlino inteligente sabe sacarse todo el partido.

Capítulo 3

ROMANCE

Poesía

No hay nada más romántico que la poesía. Con la excepción, quizás, de una caja en forma de corazón llena de chuches con sabor a carne (ahí lo dejo).

LAS ROSAS SON ROJAS
Y LAS VIOLETAS AZULES.
SI TE OLISQUEO
EL TRASERO,
¿ME OLISQUEARÁS TÚ
EL MÍO?

MI AMOR POR TI ES COMO EL PIPÍ
DE LA MAÑANA;
EMPIEZA Y SIGUE, SIGUE...
SIN ADIVINAR UN FINAL.

MI AMOR POR TI ES COMO
UN ESTORNUDO;
MOJADO, HÚMEDO Y PEGAJOSO.

MI AMOR POR TI ES COMO
UN JUGUETE PARA MORDER;
ME VUELVE LOCO.

MI AMOR POR TI ES COMO
UN BOL LLENO DE PIENSO,
DELICIOSO Y... MMMM...
ESPERA, ¿DE QUÉ
HABLABA?

Baile

El arte del baile es sensual y apasionado. Aquí tienes algunos movimientos que puedes probar...

EL BAILE DE LAS ALMOHADAS VOLADORAS

EL GRAND JETÉ (DE LOS DOS CARLINOS HAMBRIENTOS)

EL MENEO DE TRASERO

EL TWIST DE LA PATADA DE LA CACA

EL BOOGIE SURF DE LA ALFOMBRA

EL ROCK & PEDO

EL SWING DE LA PERSECUCIÓN DE TU COLA

LA DANZA DE LA HORA DE LA CENA

Besos

No es ningún secreto que a los carlinos les encanta dar besos. El estilo de besuqueo más popular es, por supuesto, el tradicional, vigoroso e incesante «lametón de carlino», que se usa para mostrar afecto hacia otra criatura, sea un animal, un humano (familiar o extraño) o un objeto inanimado.

A continuación, encontrarás otros estilos de besos que hacen furor entre los carlinos...

BESO ESQUIMAL

BESO FRANCÉS

MORDISQUITOS EN LA OREJA

LAMETEO EN EL CUELLO

BESO À TROIS

CONTEMPLAR LAS ESTRELLAS

El cielo nocturno es la ventana al universo. Pasa una noche romántica con tu amor observando el firmamento. Podéis buscar juntos las famosas constelaciones como el CANIS MINOR (el perro menor) y el CATTUS STUPIDUS (el gato estúpido).

Serenatas

Los carlinos son famosos por su voz privilegiada. Saca todo el partido a tu talento natural interpretando una composición sentimental en la que abras tu corazón, y aprovecha para destacar las muchas virtudes de tu amor. Por supuesto, hazlo a capela.

Capítulo 4

OCASIONES ESPECIALES

El Día de San Valentín

En San Valentín es tradicional que los enamorados se intercambien regalos.

Aquí te damos unas cuantas ideas:

CAJA DE PREMIOS

LENCERÍA SEXY (USADA)*

UN RAMO
DE PAÑUELOS
USADOS

OSITO DE PELUCHE*

*para morder

Fin de semana romántico

Reservad tiempo para estar juntos. ¿Has pensado en mimarte a ti y a tu pareja con algún refinado tratamiento de bienestar, administrado con pericia por tu asistente humano personal?

MASAJE DE TRIPA AYURVÉDICO

ENVOLTURA EN TOALLA HÚMEDA
(ESPECIAL PARA EL VERANO)

CEPILLADO DESINTOXICANTE DE TODO EL CUERPO

TRATAMIENTO FACIAL DE PIENSO Y COMIDA HÚMEDA

(puede ir acompañado de una rutina de ejercicio consistente en mover el cuenco de comida por todo el suelo)

Te recomendamos que te saltes la pedicura.

Una cena romántica

Celebra las ocasiones especiales, como los aniversarios o las citas en el veterinario canceladas, con una cena romántica en un sitio acogedor y con encanto.

Prueba a hacerlas en el suelo de la cocina o en el patio trasero para disfrutar de un momento a solas y al aire libre.

SUGERENCIAS PARA EL MENÚ

APERITIVOS

Medallones de caca de gato sobre un lecho de césped crujiente.

Surtido de entrantes.

PLATOS PRINCIPALES

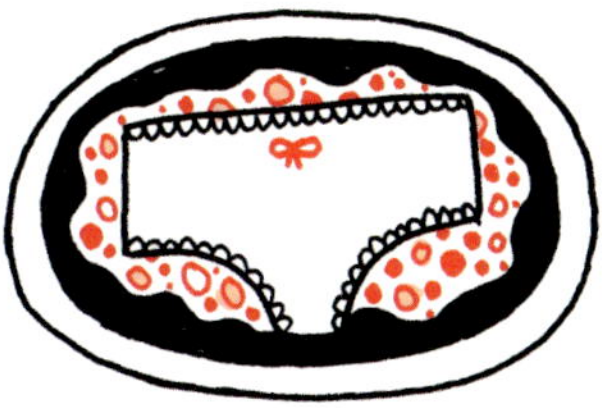

Ropa interior casera sobre puré de piñas de árbol.

Pañuelos fritos sobre mantequilla de cacahuete orgánica en su jugo.

PARA BEBER

Nuestro martini especial de «agua de charco».

Margarita de «pis helado».

Café gourmet del día anterior.

POSTRES

Cacas de hámster sobre compota de vómito.

Sorbete de agua del retrete servido en una pelota de tenis al estilo francés.

Aniversarios

Los carlinos y otros perros tienen la costumbre de celebrar los aniversarios con regalos que simbolizan el número de años (perrunos) que llevan juntos.

1 AÑO

PAVO Y ARROZ

7 AÑOS

PIENSO

14 AÑOS

GALLETITAS

21 AÑOS

MANTEQUILLA DE CACAHUETE

28 AÑOS

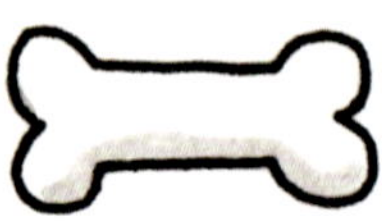

UN HUESO

35 AÑOS

BEICON

Otra parte importante de las celebraciones de aniversario es la venerable tradición carlina de «LAMER EL SUELO».

Este ritual debe llevarse a cabo siempre con tenacidad y resolución. La ceremonia de «lamer el suelo» puede prolongarse entre dos minutos y varias horas.

Puede llevarse a cabo sobre cualquier superficie, incluidos el linóleo, la alfombra y el cemento.

Otra costumbre habitual de los aniversarios es la «vigilia de la comida», durante la cual la feliz pareja de carlinos espera paciente tres veces al día bajo la sagrada mesa de los humanos a que caiga algún delicioso «bocadito» del cielo.

Este ritual tiene un profundo significado: la mesa simboliza la vida; los humanos, el destino, y las migajas, el amor eterno.

Pelearse por los restos suele considerarse un mal augurio.

Motes cariñosos

Cuando una pareja cumple su primer aniversario juntos, sin duda habrá tenido tiempo ya para ponerse motes cariñosos. Estos apodos son demostraciones de afecto que usa una pareja enamorada y a menudo se inspiran en algún rasgo físico o de carácter.

LENGÜECITA

BABOSETE

GORDITO

SEÑOR ARRUGUITAS

PIRATILLA

GRUÑONCETE

COLMILLITOS

SEÑOR TUFILLO

BIZQUETE

Capítulo 5

RELACIONES

El amor es...

Paciencia y comprensión...

EL AMOR ES...

ante todo...

dos personas...

QUE SE COMPROMETEN...

El amor es...

Sentirse cómodo y relajado con alguien...

Y aceptar al otro, con todos sus defectos.

El amor es incondicional.

MANTENER VIVO EL ROMANCE

La pareja que...

DUERME
UNIDA

TOMA EL
SOL UNIDA

LADEA LA
CABEZA UNIDA

... permanece unida.

Demuestra tu afecto

Asegúrate de que tu amor sabe lo mucho que te importa.

Dile «te quiero» todos los días, con tu estilo personal. (Un lametón húmedo es siempre una apuesta segura).

JE T'AIME
(FRANCÉS)
IK HOU VAN JOU
(HOLANDÉS)
I LOVE YOU
(INGLÉS)
JAG ÄLSKAR DIG
(SUECO)
RONQUIDO RONQUIDO
(CARLINO)

QUE NO TE ATRAPE LA RUTINA

Al principio de una relación, todo es emocionante y nuevo. Ahora bien, después de un tiempo, podéis sentiros atrapados en una rutina familiar que puede llevaros a dar las cosas por sentadas. Evítalo manteniendo la chispa.

Prueba nuevas posiciones en la cama, como...

EL LAMETÓN DE ALMOHADA

EL PEDORRETE DE ALMOHADA

Tu humano seguro que apreciará también estos gestos.

AFFAIRES

Los carlinos suelen ser criaturas fieles, pero un perro joven e inexperto puede verse tentado a acurrucarse con alguien que no sea su perrito especial.

No es el fin del mundo, a menos que quieras acurrucarte con el hámster...

Entonces sí puede serlo (al menos para él).

Capítulo 6

RUPTURAS

Quejas

En una relación larga, puede llegar un momento en que algunas cosas de tu pareja empiecen a molestarte.

Toda relación tiene siempre sus buenos y malos momentos.

El final está cerca

Por desgracia, algunas relaciones deben terminar, y una ruptura puede ser absolutamente devastadora para el carlino sensible.

SÍNTOMAS DE UN CORAZÓN ROTO

Es posible que no tengas hambre.

Tus horarios de sueño pueden volverse irregulares.

Tal vez sufras algunos síntomas físicos, como trastornos gastrointestinales.

Cómo seguir adelante

Una ruptura es dura, pero puedes superarla. ¡Eres un carlino! ¡El amo del universo! ¡El rey de las colas curvadas! ¡Puedes hacer cualquier cosa!

Santo cielo, ¡hasta puedes lamerte la nariz!

Recuerda permanecer activo.
(No dejes de hacer tu «carrera carlina» tres veces al día).

Recuerda cuidarte y asearte.

Tómate algo de tiempo para reflexionar.

DESAHÓGATE

Intenta hacer ejercicios para librarte del estrés, como ladrar a la televisión. (Resulta especialmente efectivo si lo haces durante los programas preferidos de tu humano).

Socializar

Pasar el tiempo con tus mejores amigos
te ayudará a pasar página antes.

Je Ne Regrette Rien

Aunque una historia de amor acabe mal (tú eras un carlino, ella, un cruce de labrador y caniche, y el resto es historia...), no te dejes llevar por la tristeza o las lamentaciones.

Deja el pasado atrás, como un pedo particularmente apestoso, y sigue adelante.

El futuro te espera. Y sabe a beicon.

Esperanza

Nunca olvides que hay muchos más perros en el parque, y que hay un perro especial ahí fuera para todos los carlinos.

Epílogo

Un carlino sabio dijo una vez:

Todo lo que necesitas es amor,
pienso
y una pastilla desparasitadora
cada tres o seis meses.

Agradecimientos

Quiero dar las gracias a Anthony, mi compañero de vida, de estudio y de chistes tontos.

Gracias también al equipo Little Red Roaster y a Lucy (aunque sigo enfadada contigo), y a todos mis amigos y familia por aguantar, o más bien, fomentar activamente mi ridícula obsesión con los carlinos.

Gracias a todo el mundo de Dog 'n' Bone y Cico, especialmente a Pete Jorgensen, y, por supuesto, tendré que pasarme un buen rato rascando la barriga de Mr. Pickles y Bella, por ser mis musas, y por no dejar nunca de divertirme y de inspirarme.